Dd
Ee
Ff
Ll
Mm
Mimi
Nn
Oo
Pp
P
Vv
Ww
Xx
Yy
Yvonne
Zz
Eu eu
Sch sch
Sp sp
St st
Ch ch

Stetz Claire	1c	2008/2009
Ioannis Thomas	1f	2009/2010
Maelyne John	1a	2010/2011

Mimi
die Lesemaus

Neubearbeitung

von
Waltraud Borries und Edith Tauscheck

Illustriert von
Thé Tjong-Khing und
Thomas Matthaeus Müller

Oldenbourg

Blumenstr.
12
SPIELWAREN
H
Schulbus
an Schultagen
7-13h
25,-
35,-
70,-
40,-
7,50
14
16
BÜCHER INSEL
BÜCHER INSEL
TIM
OBST
D-XA 1351
D

GRUNDSCHULE
18
20
20
POLIZEI
M: 7090
M-HU 8188
Schule

Mimi
Aa
Bb
Cc
Dd
Ee
Ff
Gg
Hh
Ii
Jj
Kk
Ll
Mm
Nn
Oo
Pp
Qu qu
Rr
Ss
Tt
Uu
Xx
Yy
Zz
Sp sp
St
Ü ü
Au au
Ei ei
Eu
Lisa
Moni
Tom
Selem
Katharina

Samira
Bärbel
Heidi
Otto
Lotte
Karl
Olga
Laura
Timo
Jonas
Uta
Lisa
ANLAUT-TABELLE

Mm,
danke
OTTO

Zum Vorlesen

Eins, zwei, drei, vier,
auf dem Klavier
sitzt eine Maus
und du musst raus.

Ene bene subtrahene,
divi davi domino,
Eck, Speck, Dreck
und du bist weg.

Oma

Opa

Ofen

Osterhase

Obst

Mond

Rose

Brot

Schokolade

Krokodil

Radio

Limo

Auto

Foto

Otto

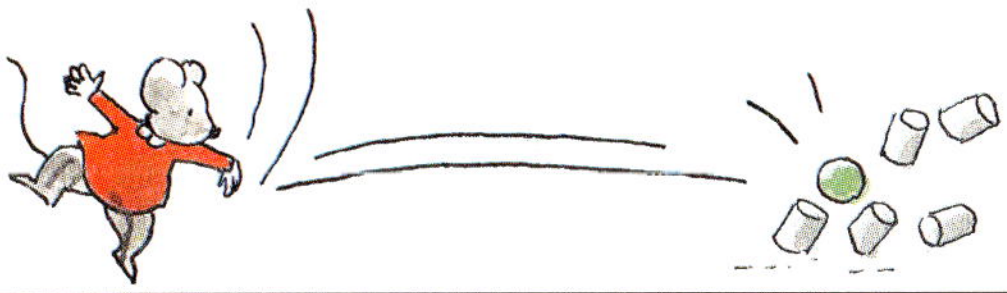

Zum Vorlesen

Wir haben einen Ball
aus Gummi oder Leder.
Wir spielen überall,
willkommen ist ein jeder.

Bei uns stürmt jeder vor.
Wer will schon hinten bleiben?
Oft treffen wir das Tor
und auch die Fensterscheiben.

nach Herbert Erdmann

Zum Vorlesen

Zum Trost

Wo tut’s weh?
Trink ein Schlückchen Tee.
Drei Tage Regen,
drei Tage Sonnenschein,
dann wird’s wieder besser sein.

M

M A

M A M

M A M A

Mimi **ist** im 

Mimi **ist** am 

Mimi **ist** im 

Mimi **ist** im 

Mimi **ist** am 

ist Mimi im 

Zum Vorlesen

Meine Mama
mag Mäuse.
Mich hat sie so lieb.
Manchmal sagt sie:
„Mein Mäuslein!“
Und ich sage:
„Piep!“

Ute Andresen

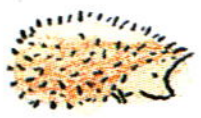 Igel

 Krokodil

 Indianer

 Tiger

 Insel

 Pilz

a m

i m

i a M

Lama

Zum Vorlesen

Das Lama wird in Südamerika als Haustier gehalten. Es muss auf den steilen Bergwegen Lasten tragen. Das Lama wird auch geschoren. Aus den Haaren wird sehr feine, weiche Wolle gemacht. Wenn das Lama Angst hat, spuckt es.

L a m a

L a m

L a

L

L a

L a m m

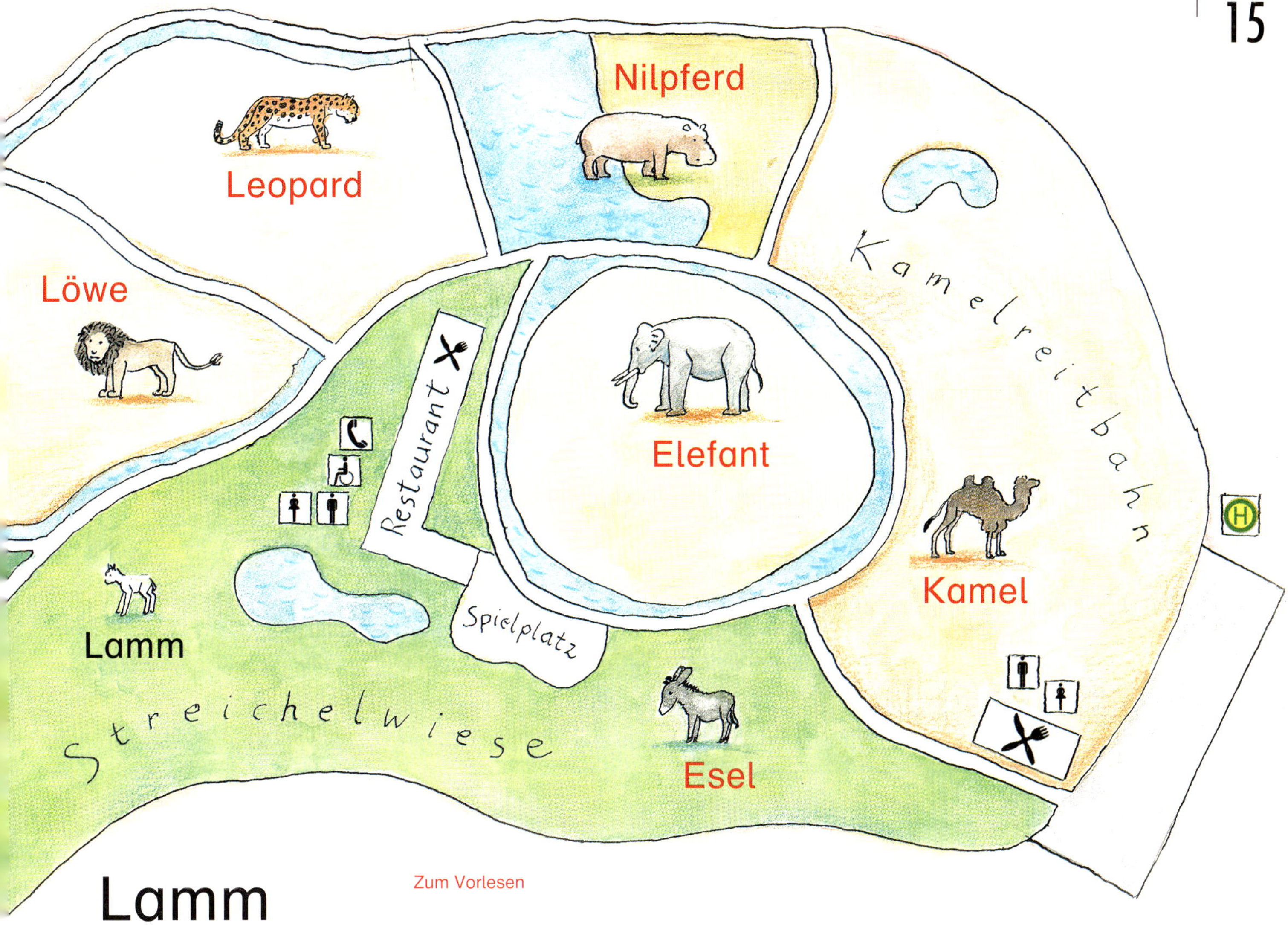

Lamm

Zum Vorlesen

Schafe leben schon seit 9000 Jahren beim Menschen. Sie liefern Milch, Fleisch und Wolle.
Im Frühling kommen die Lämmer zur Welt. Nach der Geburt versucht das Lamm, sofort zu laufen und die Milch seiner Mutter zu trinken. Schon mit einem halben Jahr kann es seine Nahrung selbst suchen.

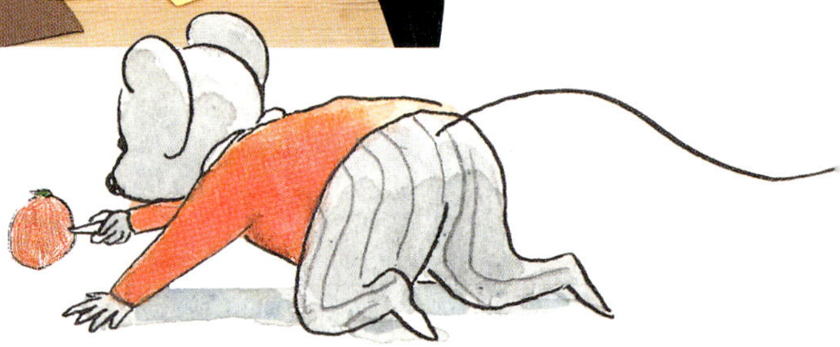

Lotta malt .

Ali malt lila 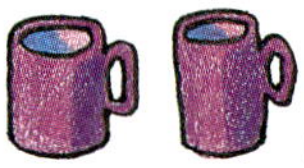.

Mimi malt mit.

Timo malt toll.

Tom malt lila.

Zum Vorlesen

Tischlein deck dich

Der dritte Sohn
erhielt für seine Arbeit
einen Sack
mit einem Knüppel drin.

Wenn er zu dem Knüppel sagte:
„Knüppel aus dem Sack“,
so sprang der Knüppel heraus
und prügelte jeden,
der ihm etwas zuleide tun wollte,
bis er rief:
„Knüppel in den Sack.“

Mimi zaubert rot

Zum Vorlesen

Das Krokodil, das Krokodil,
das frisst sehr gern,
das frisst sehr viel.
Es scheint zu schlafen,
liegt ganz still,
doch – SCHWUPP –
da schnappt es, wen es will!
Drum halt vom Krokodil dich fern,
denn es hat dich zum Fressen gern.

KNISTER

Zum Vorlesen und Auszählen

Itzli-pitzli-Rabenfuß,
rate mal, wer suchen muss!
Itzli-pitzli-buh,
nämlich du!

Janosch

Zickel, zackel, zockel,
der Ochse ist kein Gockel,
der Gockel keine Maus,
und du musst raus!

Sissi rast los.

Lotta rast.

Lotta rammt Timo.

Lottas Arm ist rot.

Mast
L
Mist
L
Rost
M
Mist
a
Rast
L
toll
ZIEL
HORST
los

Zum Vorlesen

Der Herbst, der Herbst,
der Herbst ist da!
Er bringt uns Spaß, hei hussassa!
Rüttelt an den Zweigen,
lässt die Drachen steigen.
Heia hussassa,
der Herbst ist da.

Hans R. Franzke

Was ist los?
Wo ist Willi?
Was will Willi?

Telefonieren mit Karte.

1 Hörer abnehmen.
Pick up receiver.
Décrocher le combiné.

2 Karte einschieben.
Insert card.
Introduire la carte.

3 Wählen.
Dial.
Composer le numéro.

4 Hörer auflegen und Karte entnehmen.
Replace receiver and remove card.
Raccrocher le combiné et retirer la carte.

Im Notfall benötigen Sie keine Telefonkarte.

Polizeinotruf 110

Feuerwehr 112

Wer meldet? Name und Standort.
Wo ist es passiert? Genaue Bezeichnung des Notfallorts.
Was ist passiert? Zahl der Verletzten, Erkrankten. Verletzte eingeklemmt?

Was ist los?

Was will Uta?

Was tut Ursula?

Wo ist Mutti?

Wo ist Susi mit Tasso?

Warum ist Uli im Turm?

Zum Vorlesen

Geisterstunde

Wenn alles schläft um Mitternacht,
im Turm der kleine Geist erwacht.
Er huscht über die Treppe
mit seiner langen Schleppe,
klopft leise an die Fenster,
weckt alle Schlossgespenster.
Und nur der liebe Mond kann sehn,
wie die Gespenster tanzen gehn.

Sylvia Baumgartner

KLEBER

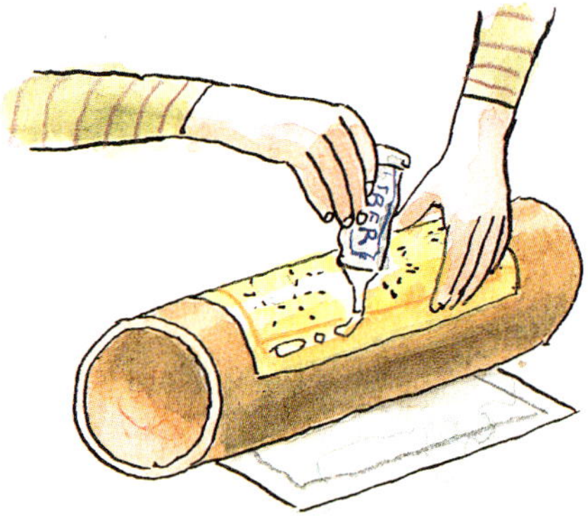

Zum Vorlesen

Die Legende von Sankt Martin

Sankt Martin lebte vor langer Zeit.
Er war ein frommer und guter Mann.
Eines Tages ritt er mit seinem Pferd
durch das Stadttor.
Da sah er einen Bettler sitzen.
Der hatte nur Lumpen am Leib,
er fror und hatte Hunger.
Der arme Mann zitterte vor Kälte.
Martin hatte Mitleid mit ihm.
Wie sollte er ihm helfen?
Da zog er sein Schwert,
nahm seinen warmen Umhang
und schnitt ihn mitten durch.
Die eine Hälfte reichte er dem Bettler,
die andere wickelte er sich
um die Schultern.
Schnell ritt Martin weiter.

Können auch wir helfen?

Dalli,
dalli!

Zum Vorlesen

Getuschel

Die da
ist mit
der da da
und
der da
ist mit
dem da da.

Jürgen Spohn

Das ist Emils Esel.

Was ist los?

Was will der Esel?

Warum ist er so matt?

Emil redet mit dem Esel:

Willst du Wasser?

Willst du Salat?

Der Esel wird wild: ia ia ia!

Er will Torte mit Limo.

Roll er

Tell er

Mutt er

Zum Vorlesen

Große Ohren, lange Nase,
und viel größer als ein Hase,
kleine Augen, wach und schlau,
dicke Haut in schlichtem Grau,
wie Bäume stark die Beine –
wer kennt ihn, den ich meine?

Heinz Brand

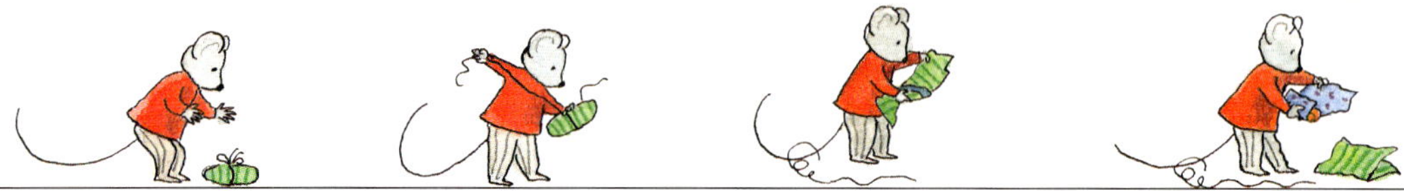

Mit Nadel und Wolle malen

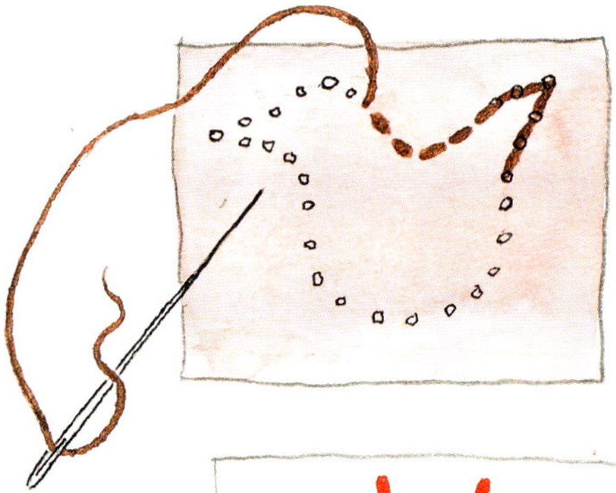

Nina sammelt Wolle.
Nina will mit
Nadel und Wolle malen.
Rate, was es wird.
Es soll Mutters  werden.

Wer malt Sonne und Mond?
Leon nimmt nur rote Wolle.
Was malt er?
Annette malt anders.

Zum Vorlesen

Liebe Oma!

Zum Geburtstag schenke ich dir etwas.
Es ist ein Geheimnis, ich verrate es nicht.
Wir haben in der Schule das Häkeln gelernt.
Mit Mutti häkle ich einen Schal.
Dein Geheimnis wird ein ganz langes Geheimnis.
Liebe Oma, ich verrate es nicht!

Deine Ursel

Richard Meier

Zum Vorlesen

Tragt in die Welt nun ein Licht,
sagt allen: Fürchtet euch nicht!
Gott hat euch lieb, Groß und Klein!
Seht auf des Lichtes Schein!

Tragt zu den Kindern ein Licht,
sagt allen: Fürchtet euch nicht!
Gott hat euch lieb, Groß und Klein!
Seht auf des Lichtes Schein!

Tragt zu den Kranken ein Licht,
...

W. Longardt

Dieses Bild heißt „Hirtenanbetung“.
Rembrandt hat es 1646 gemalt. Es hängt in einem Museum in London.

Zum Vorlesen

Ein Haus aus Eis und Schnee

Wenn die Eskimos jagen,
sind sie oft tagelang unterwegs.
Sie bauen sich dann einen Unterschlupf aus Eis:
das Iglu.
Iglu heißt in der Eskimosprache Haus.

Die Eskimos hauen oder sägen große Blöcke aus dem Eis.

Diese Blöcke setzen sie wie ein Schneckenhaus aufeinander.

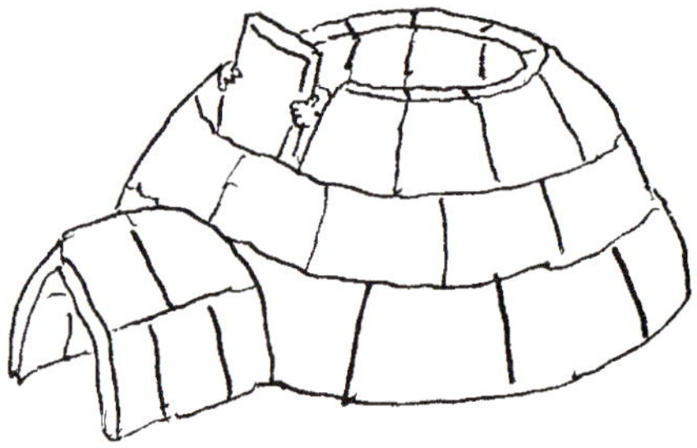

Durch die Wärme im Inneren schmilzt das Eis ein wenig, so dass die Blöcke zusammenbacken.

Schlitten

Der Schnee ist da!
Der erste Schnee!
Dino und Natascha rennen
mit dem Schlitten los.

Schnell und schneller
wird der Schlitten.
Dino und Natascha
landen im Schnee.

Schnee ist im Mund.
Schnee ist in der Nase.
Ist das schlimm?

Achtung, der
Briefträger kommt!

So fuhr man früher
mit Schlitten auf
dem Eis spazieren.

Dies ist ein „Bob-Schlitten“.

Wer ist nett?

Reiner weint.
Er ist erst drei Monate alt.
Roman schmust mit Reiner.

Zum Vorlesen

Mein Zimmer hat vier Ecken,
in denen Geister stecken.
Doch hat's auch eine Tür –
die führt zu dir.

Angela Sommer-Bodenburg

Leila ist nett.
Leila teilt mit
Antonia und Lotta.

Alle rutschen und tollen am See.
Nur Sascha wartet allein am Rand.
Da nimmt Timo Sascha am Arm.
Los, wir wollen miteinander
schlittern!

 Schw	 Schw	
 W	 W	
m	m	
s	s	Schr◯ner
d	d	Schr◯ner◯

Zum Vorlesen

Die drei Spatzen

In einem leeren Haselstrauch
da sitzen drei Spatzen, Bauch an Bauch.

Der Erich rechts und links der Franz
und mitten drin der freche Hans.

Sie haben die Augen zu, ganz zu,
und obendrüber, da schneit es, hu!

Sie rücken zusammen dicht an dicht.
So warm wie der Hans hat's niemand nicht.

Sie hör'n alle drei ihrer Herzlein Gepoch.
Und wenn sie nicht weg sind, so sitzen sie noch.

Christian Morgenstern

Alles ist leise. Wir lesen im Schnee.

Was ist unter dem Schnee? Wer war da?

Wetter ? - Nachricht (Rich Text)
An das Wetteramt!
Der Winter ist da.
Wo ist der Schnee?
Wo ist das Eis?
Wann schneit es?
Dein S

Karten – Karten – Karten

Alle lesen.
Niki nimmt seine Karten.
Er mischt.

Niki kann einen Trick.
Karin will den Trick lernen.

Karin nimmt alle Karten
und mischt.
Karin mischt dreimal.
Nikis Trick ist schwer!

Wer kann raten?

Was knistert?

Was knurrt?

Was knallt?

Was knarrt?

Was knirscht?

Meister Robert

Es ist Abend.
Robert arbeitet.
Seine Eltern und
seine Schwester turnen.

Alle loben
Roberts Nudeln.

Abendessen Teekanne Brotschneidemaschine
Wurstteller Salamischeibe Abwaschbecken

Was Kinder aus aller Welt am liebsten essen

„Juhuu“, ruft Naiomi,
ein Eskimokind, begeistert:
„Heute gibt es Walspeck!“

Ayoub aus Algerien freut sich über
das Gebäck Cheveux d’anges.
Das heißt Engelshaar.

Kinder in Sri Lanka lieben
ein Gericht namens Barfi.
Das ist ein bunt eingefärbter
Grießpudding.

In China gibt es zum Geburtstag
lange Reisnudeln, Shou Mian.
Man sagt, diese Nudeln sind
so lang wie das Leben.

Was tut ein Fisch im Winter?

Schwimmen Fische unter dem Eis weiter?

Unter der dicken Eisdecke des kleinen Sees
sind kaltes Wasser und Luft.
Wenn der Frost schlimm ist,
bleiben Fische am Boden im Schlamm.

Kommt Luft ins Wasser?

Mit Binsen oder Schilf kommt
frische Luft ins Wasser.

Fressen Fische im Winter?

Der Fisch atmet im kalten Wasser selten.
Er atmet nur etwa einmal in der Minute.
Er will kein Futter fressen.

Samiras Fische

Samiras Fische schwimmen im Becken.
Das Wasser ist immer warm.
Alle Fische bekommen Futter.
Luft kommt mit einer Maschine ins Becken.
Wo ist Fridolin, Samiras roter Fisch?

Wer ist schuld?

Klaus kommt mit den anderen Kindern aus dem Schultor.

Timo ruft: „Schau, dort ist dein Bruder.“

Tobias wartet neben dem Auto auf der anderen Seite.
Klaus saust sofort los.
Er schaut nur auf seinen Bruder.

Zum Vorlesen

Wenn ein Auto kommt

Wie es die Hühner machen,
das weiβt du doch.
Sie müssen geschwind unbedingt
auf die andere Seite noch.

Dass wir wie aufgeregte Hennen
blindlings über die Straβe rennen,
kann's das bei uns geben? –
Nie im Leben!

Josef Guggenmos

Eine lange Kette

Es waren einmal Eltern mit drei Knaben.
Den kleinsten nannten alle Dummling.
Dummling war aber ein nettes Kind.
Ein alter Mann schenkte Dummling
eine goldene Gans.

Der Dummling ging mit der Gans
auf Wanderschaft.
Er kam in ein Wirts  .
Alle bewunderten seine Gans.

Als er im Bett lag, kamen drei Schwestern und
wollten goldene Federn klauen.
Aber, o Schreck!
Alle drei klebten mit den Fingern
an der goldenen Gans fest.

Am anderen Tag wanderte der Dummling weiter.
Alle drei Schwestern folgten dem Knaben.
Ein  wollte alle befreien.
Aber, o Schreck! Er klebte ebenfalls fest.

Genauso erging es dem  und den .
Alle klebten fest.

Der Dummling kam mit seiner Schar
in ein fremdes Land.
Dort lebte Adelgunde, eine traurige .

Als  den Dummling mit der Gans
und den Menschen erblickte, wurde  lustiger und lustiger.

Der Dummling bekam als Dank
 als Braut.

Einladung in
die Schmiedgasse 7
Bitte kommt alle als Riesen!
Das Riesen fest beginnt
am Dienstag um drei
und endet um sieben.
Bis bald
die riesige Sieglinde

Glaubst du das?

Es regnet.
Es gießt sogar.
„Weißt du was“, ruft Nalan,
„wir bleiben draußen im Garten.
Regen ist toll!“
Geli nickt begeistert:
„Im Regen werden wir groß!
Morgen sind wir riesengroß!“
„– und krank!“,
sagt Großmutter.
Sie bringt beiden einen
Regenmantel.

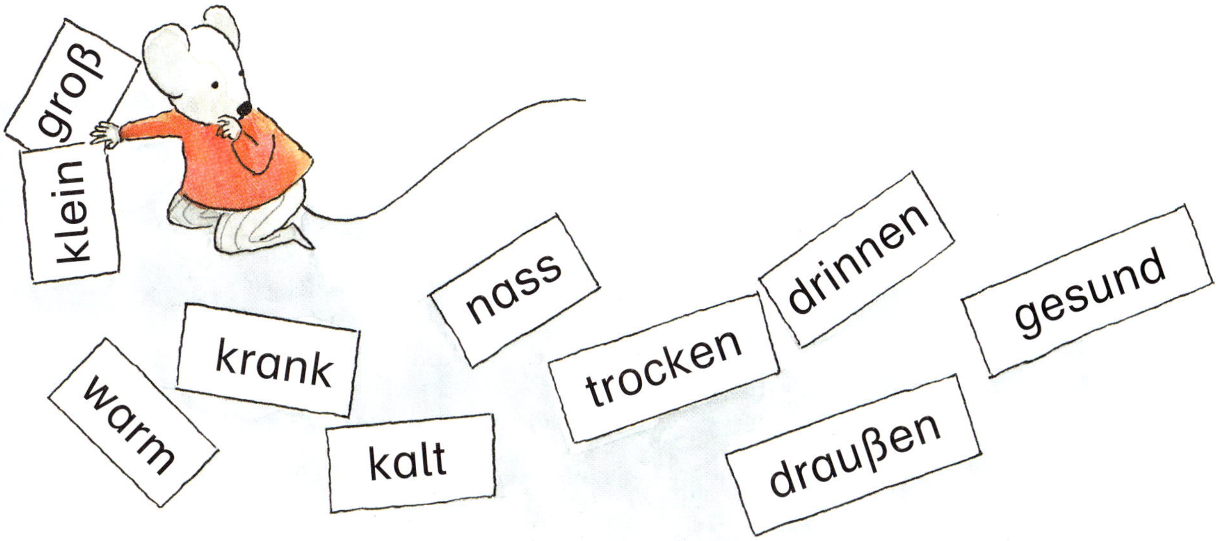

Panne

Familie Paulsen ist mit dem
Auto unterwegs. Da knallt es laut.
„Bloß keine Panne“, sagt Papa.
Aber es knallt und rappelt immer lauter.
Mama lenkt das Auto auf einen P.
Aber das Auto knallt
und rappelt weiter.
Papa sagt: „Nun muss uns einer abschleppen.“
Da entdeckt Peter etwas.
Weißt du was?

Weißt du,
was die Schilder
sagen sollen?

Eine lange Nacht

Chris besucht Onkel Richard.
Am Nachmittag
sind sie mit dem Fußball unterwegs.
Abends lesen sie noch eine Indianergeschichte.

In der Nacht wacht Chris auf.
Onkel Richard schnarcht laut.
Chris ruft leise: „Onkel Richard!“
Aber der Onkel schnarcht weiter.
Chris will den Onkel nicht wecken.

Er kann nicht wieder einschlafen.

Was soll
ich nur
tun?

ch – ptsch
ch – ptsch
ch – ptsch

Das Wort ach
findest du
im Bach,
im Krach,
im Lachen,
im Drachen
und noch in
anderen Sachen.

Und ich
bin im Wicht,
im Licht,
im Gesicht,
im Gedicht
und schließlich
nicht richtig
in der Milch und
im Knilch.

Das Wort auch
findest du
im Rauch,
im Schlauch,
im Brauch
und auch
in deinem Bauch.

Der Hase und der Igel

Ein Hase und ein Igel wollten um die Wette laufen.
Der Hase lief in der einen Ackerfurche,
der Igel in der anderen.
Er lief aber nur drei Schritte.
Dann duckte er sich und lief nicht weiter.

Am andern Ende der Furche rief die Igelfrau
dem Hasen entgegen: „Ich bin schon hier!“
Der Hase schnaufte: „H, h, h . . .“,
und rief: „Noch einmal gelaufen!“
Schon sauste er wieder los.

Oben rief der Igel: „Ich bin schon hier!“
Der Hase schnaufte aufgeregt: „H, h, h,
noch einmal gelaufen!“
„So oft du Lust hast“, antwortete der Igel.
So lief der Hase sehr oft hin und her.
Am Ende fiel er tot um.

Der Igel sagte seiner Frau:
„Der Hase hat unsere kleinen,
krummen Beine belacht.
Nun hat er seinen Lohn
und ich habe die Wette gewonnen.“

Ein Häslein kommt ins Haus

Das ist Schnupperle.

Bärbel und Martin
kaufen es
in einer Tierhandlung.

Bärbel trägt das Häslein
sorgfältig in einem kleinen
Karton nach Hause.
Martin schleppt
den Käfig.

Als Nahrung soll das Häslein
frische Blätter,
etwas Salat,
Karotten und auch
Trockenfutter
bekommen.

Martin gibt dem Häslein
etwas Wasser aus einer Flasche.
Schnupperle saugt.

Ob es Schnupperle bei Bärbel
und Martin gefällt?
Werden sie es gut pflegen?

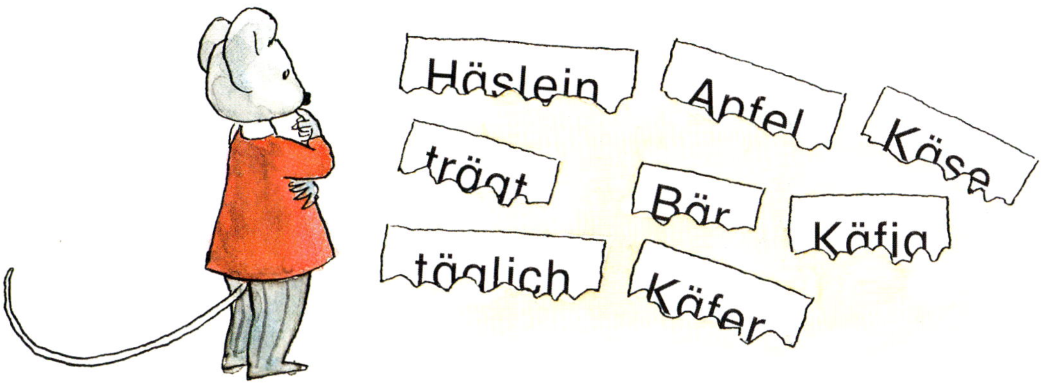

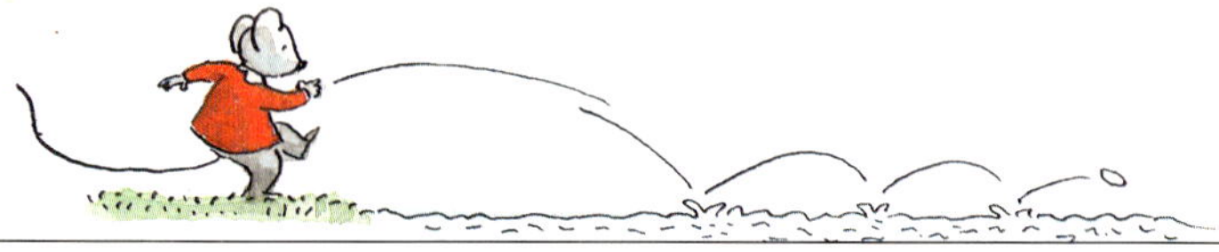

Spiele mit Steinen

Wer ist geschickt?

Nimm einen Stein.
Lege ihn auf deinen Fuß.

Nun gehe langsam.

Gehe schnell.

Steige auf einen Stuhl.

Stell dich auf den Tisch.

Macht das Spaß?
Keiner darf den anderen stoßen.

Was sollte ich mir da merken?

Spring mit

Wirf den Stein in Feld 1.
Spring auf einem Bein
gleich in Feld 2 und dann
in Feld 3, 4, 5, 6.
Ruhe dich im Himmel
auf beiden Beinen aus.

Dreh dich um und
spring wieder
durch die Felder 6, 5, 4, 3
auf Feld 2.
Bleibe hier auf einem Bein
stehen.
Hebe den Stein in Feld 1 auf
und springe hinaus.

Bei der folgenden Runde
wirf den Stein gleich in Feld 2,
in der 3. Runde in Feld 3
und so weiter.

Du weiβt:
In das Feld mit dem Stein
darfst du nicht springen.

Mti heiβt das Spiel in Afrika.
Die Kinder spielen es
fast genauso wie bei uns.

Zwicke zwacke

zwicke zwacke in die Backe
zwicke zwase in die Nase
zwicke zwals in den Hals
zwicke zwarm in den Arm
zwicke zwand in die Hand
zwicke zwauch in den Bauch
zwicke zwabel in den Nabel
zwicke zwein in das Bein
zwicke zwie in das Knie

Jürgen Spohn

Der Zappelzahn

Mein Zahn ist locker.
Mein Zahn ist locker und soll raus.
Aber wie?
Mit der Zunge?
Der Zahn zappelt.

Zwicke zwahn,
wer zieht den Zahn?

Müll – Müll – Müll

Früher warfen die Menschen
ihren Müll einfach auf die
Straße.
Es stank überall.

Auf den Straßen
liefen Schweine
und andere Haustiere
herum.
Sie fraßen alles auf,
was essbar war.
Der Rest blieb liegen.

Durch den Abfall
entstanden auch
schlimme Krankheiten.

Ein Glück, dass es bei uns
die Müll-Abfuhr gibt!

Ist unser Müll wirklich weg,
wenn das Müll-Auto abfährt?

Dies war früher
eine Kaffeetüte.

Dies war eine Gemüseschachtel.

Dies waren Käseschachteln
und Filmdosen.

Dies waren Klorollen.

Musik mit Joghurtbechern

Joghurtstimme

Die Joghurtstimme klingt fremd.

Joghurtrassel

Wie schüttelst du die Joghurtrassel?
Sie kann ganz
unterschiedlich klingen.

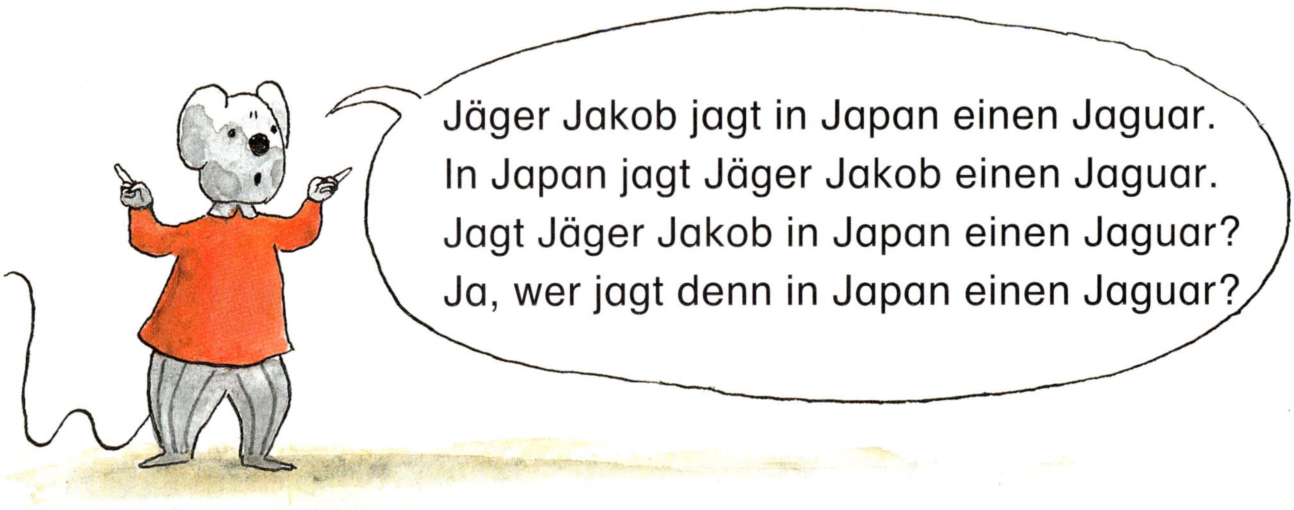

Joghurtgitarre

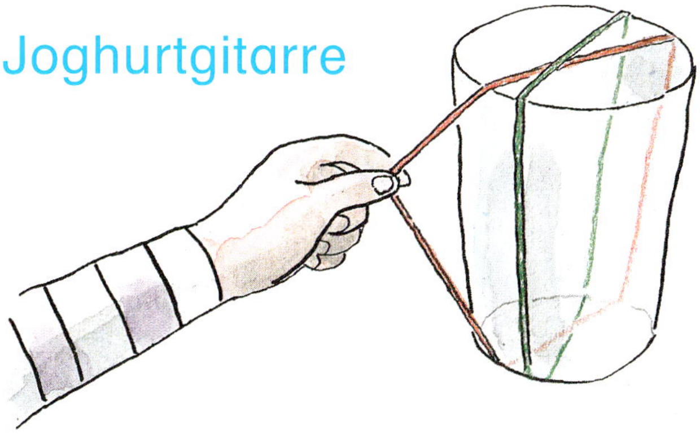

Mit Gummiringen
bekommst du
eine Joghurtgitarre.

Kolofonium gibt es
im Musikgeschäft.

Joghurthuhn

Reibe die Schnur zunächst
mit Kolofonium ein.
Wie musst du an der Schnur ziehen,
damit das Joghurthuhn gackert?

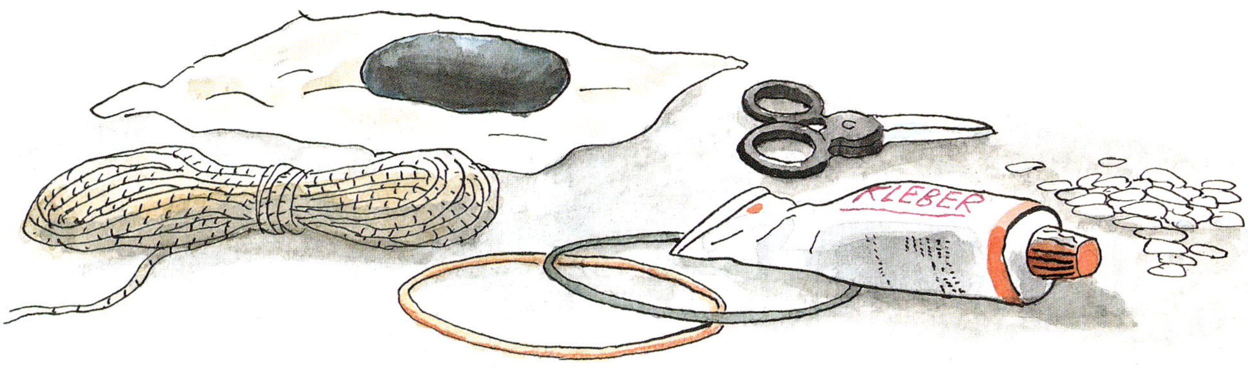

Macht Musik zu den Namen:

Jan	Jens	Josef	Julia	Katja
Jana	Jeremias	Jonas	Judith	Sonja
Jaromir		Johanna	Julian	Tatjana

Ein Plakat in der Klasse

In Jörgs Klasse hängt dieses Plakat.
Jeder kann etwas darauf schreiben.

Zum Heulen

Wenn ich etwas
zum Heulen finde,
heule ich mich leer.
Kummer schlucken
macht mich wütend
und das Herz mir schwer.

Wenn ich etwas
zum Freuen finde,
freue ich mich satt.
Und ich teile
meine Freude
mit dem, der keine hat.

Ute Andresen

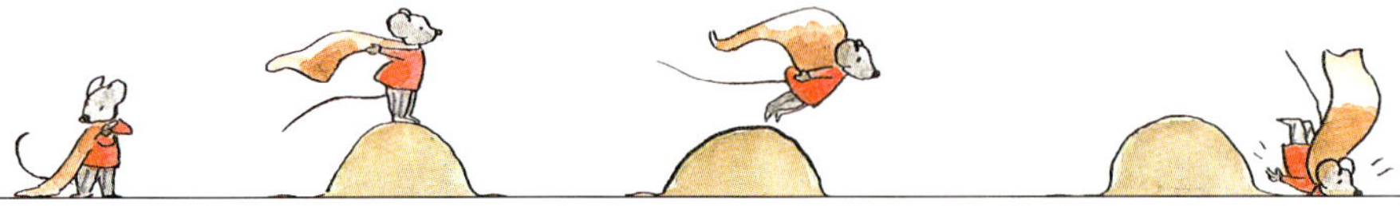

Ein Vogelnest im Garten

Vor Veras Fenster ist ein Vogelnest.
Seit vier Tagen sind die jungen Vögel ausgeschlüpft.
Sie sind noch nackt und blind.
Die Vogeleltern füttern die Jungen.
Sie sammeln viele Raupen und Würmer.

Nach etwa einer Woche öffnen sich
die Augen der Jungvögel.
Die kleinen Vögel bekommen Federn.

Sie üben mit den Flügeln.
Nach drei bis vier Wochen
verlassen sie das Nest.

Ein Vogel
verloren
am Boden kauert.

Die Katze schleicht.
Die Katze lauert.

Der Vogel zittert.
Er hat keine Kraft.

Ksch – sch – sch!!!

Weg ist der Vogel.
Er hat es geschafft.

Ute Andresen

Träume

Was träumt der Spatz
bei Wind und Sturm?
Von einem fetten
Regenwurm.

Was träumt die Raupe
auf dem Stein?
Vom Falterflug im
Sonnenschein.

Was träumt der Krebs
so dann und wann?
Dass er auch vorwärt
laufen kann.

Alfred Könn

Kinderträume

Viele Bäume zum Klettern,
Sträucher zum Verstecken,
eine Welt ohne Zäune,
Häuser …

Wie quakt der Frosch?

Frösche gibt es auf der ganzen Welt.
Sie leben immer in der Nähe von Wasser,
an Teichen, Tümpeln oder im Gras.

Die Wasserfrösche sind die Meisterquaker.
Die Männchen haben zwei Schallblasen
hinter den Mundwinkeln.
Mit diesen können sie mächtigen Lärm machen.

Der Frosch bläst seine Schallblasen auf.
Dabei entsteht das Quaken.
Damit werden die Weibchen angelockt.

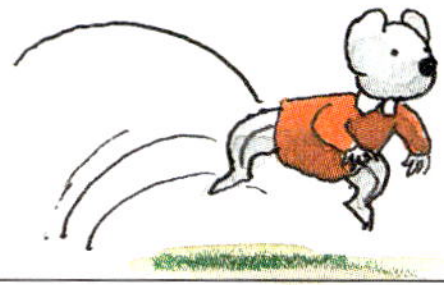

Quak, quak

Qua, que, qui, quo, quu
du lieber Quakfrosch du!
Quake laut und quake leise,
quake eine Quakfrosch-Weise.
Qua, que, qui, quo, quu,
du lieber Quakfrosch du!

Anna Möss

Ein Frosch kommt in einen Milchladen.
Vor ihm sind viele Leute. Er stellt sich brav an.
Endlich kommt er an die Reihe.
„Na, mein Kleiner, was bekommst denn du?“,
fragt die Verkäuferin freundlich.
„Quaaak“, antwortet der Frosch.

Weißt du, was er bekam?

Ein wunderschöner Tag

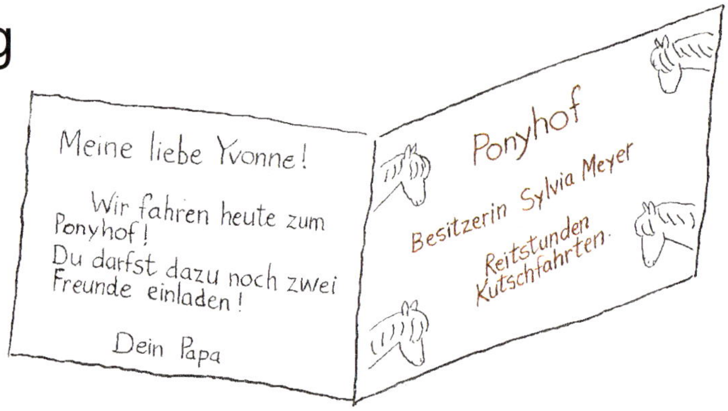

Yvonne hat Geburtstag.
Sie wird sieben Jahre alt.
Am Morgen wartet eine große
Überraschung auf sie.

Auf dem Ponyhof gibt es zehn Ponys,
größere und kleinere,
sieben braune, zwei weiße und ein schwarzes Tier.
Die Kinder dürfen in den Stall.
Sie helfen bei der Pferdepflege
und streicheln die zottigen Ponys.

„Alle Tiere sind zahm und lieb“,
sagt Frau Meyer. Ihr gehört der Ponyhof.
„Wählt euch das Pony aus, auf dem ihr reiten wollt!“
Yvonne sucht sich das größte Tier aus.
Sie kann schon etwas reiten.
Tony nimmt sich das schwarze Pony.
Lydia will lieber mit Yvonnes Vater in der Kutsche fahren.

Nach dem Ausflug gehen alle noch ein Eis essen.

Auch Hexen müssen das Hexen erst lernen.
In dieser Geschichte kannst du lesen, wie schwierig das ist.

Die kleine Hexe

Etwa sechs Stunden am Tage verbrachte die kleine Hexe damit, sich im Hexen zu üben. Das Hexen ist keine einfache Sache. Wer es im Hexen zu etwas bringen will, darf nicht faul sein. Er muss das Hexenbuch Seite für Seite durchstudieren.

Die kleine Hexe war erst auf Seite zweihundertdreizehn des Hexenbuches. Sie übte gerade das Regenmachen. Der Rabe Abraxas saß neben ihr und war unzufrieden.

„Du sollst einen Regen machen", krächzte er vorwurfsvoll, „und was hext du? Beim ersten Mal lässt du es weiße Mäuse regnen, beim zweiten Mal Frösche, beim dritten Mal Tannenzapfen! Ich bin ja gespannt, ob du wenigstens jetzt einen richtigen Regen zustande bringst!"

Da versuchte die kleine Hexe zum vierten Mal, einen Regen zu machen. Sie ließ eine Wolke am Himmel aufsteigen, winkte sie näher und rief, als die Wolke genau über ihnen stand: „Regne!" Die Wolke riss auf und es regnete – Buttermilch.

Otfried Preußler

Was die Hexe braucht

Hexe, Hex', was brauchst denn du?
Ausgelatschte Hexenschuh!
Kopftuch und den Flickenrock,
Besen und den Zauberstock!
Und bei Nacht noch Kerzenlicht,
mehr braucht eine Hexe nicht.

Barbara Cratzius

Schneckenschleim und Hexenkropf
fertig ist der Drachenkopf
Hokus Schmokus weiße Maus
Erde spuck den Drachen aus

Eveline Hasler

Die Puppe

In Caximbo, einem Dorf im Urwald, wohnte Selva.
Selva hatte eine Puppe, die aber anders war als andere Puppen.
Sie hatte die Puppe aus einem Maiskolben selber gemacht,
mit einem Kleid aus den gelben Blättern von Maiskolben.
Die Puppe hieß Curumina. Selva liebte ihre Curumina.

„Komm, Selva, hilf mir bei der Hausarbeit. Selva!“, rief die Mutter.
Wenn Selva mit ihrer Puppe spielte, hörte sie einfach nichts.
Die Mutter wurde ärgerlich, weil sie Selva immer wieder rufen musste.
„Wenn das so weitergeht, dann nehme ich dir die Puppe weg.“

Selva erschrak. Sie ging mit Curumina im Arm
zum Fluss hinunter, wo sie sich jeden Tag wusch.

Am Ufer traf Selva die Schildkröte.
„Ich möchte meine Puppe verstecken und weiß nicht wo“,
klagte Selva.
„Ganz einfach“, meinte die Schildkröte,
„grab ein Loch in den Sand – wie ich es für meine Eier tue –,
lege die Puppe hinein und decke sie zu.“

Selva schaufelte mit beiden Händen ein Bett in den warmen Sand,
legte die Puppe hinein und deckte sie zu.
„Ich werde auf sie aufpassen“, versprach die Schildkröte.

Wie immer kam auch dieses Jahr der große Regen
und prasselte Tag und Nacht auf das Dach der Hütte.
Was war wohl inzwischen mit Curumina geschehen?

Nach dem langen Regen rannte Selva hinunter zum Fluss.
Das Ufer sah ganz anders aus.
Selva konnte die Stelle, wo sie die Puppe vergraben hatte, nicht mehr finden. Aber sie traf die Schildkröte wieder, die wusste noch, wo Curumina versteckt war.

Dort fand Selva aber nur zwei grüne Blättchen.
Sie wurde ganz traurig.
„Diese Blättchen gehören doch zu deiner Curumina“, tröstete die Schildkröte. „Sie werden wachsen und groß werden und viele neue Maiskolben tragen.“

Es wurde Sommer.
Tatsächlich: Dort, wo Selva ihre Curumina vergraben hatte, stand jetzt ein Stängel mit vielen goldgelben Maiskolben.
Das Mädchen nahm einen Kolben und legte ein Kleid von Maisblättern rundherum.
„Jetzt habe ich meine Curumina wieder!“
Selva wiegte die Puppe glücklich in ihren Armen.
Die anderen Maiskolben nahm Selva mit heim.
Die Mutter konnte daraus herrliche Maistörtchen backen.

Gloria Carasusan

Hasen-Swing

1. Es malen vier Hasen zur Osterfeier
wie jedes Jahr brav Ostereier.
Zunächst beginnt man recht geschwind,
doch als sechs Eier fertig sind,
da macht der erste sich den Spaß
und taucht ein Ohr ins Farbenglas.

M-ta-ta, m-ta-ta, m-ta-ta, m-ta,
m-ta-ta, m-ta-ta, m-ta-ta.

2. „Wie siehst du aus!“, die andern schrein.
„Ein rotes Ohr! Du bist ein Schwein!“
Was uns’ren Hasen wenig stört.
Im Gegenteil, was tut er? – Hört:
Er streicht mit roter Farbe auch
sich seinen weichen Hasenbauch.

M-ta-ta …

3. Und nun, auf einmal, sind die drei
gleichfalls für Hasenfärberei.
Der zweite fasst ein Herz sich schnell,
bedeckt mit Schwarz sein ganzes Fell.
Der dritte Hase wird schön bunt,
er tupft Orange auf gelben Grund.

M-ta-ta …

4. Der vierte malt sich blaue Streifen
und dreht die Ohren schick zu Schleifen.
Er singt ein Lied aus vollem Hals.
Die andern singen ebenfalls
und tanzen stundenlang im Kreis.
Die meisten Eier bleiben – weiß!

M-ta-ta …

Lisa Wittmann und Rüdiger Urbanek

In vielen Wörtern verbergen sich „Eier“.

Spiegel ___	___ schnee
Rühr ___	___ ___ becher
Oster ___	___ ___ kuchen
Schw ___ ner ___	___ ___ uhr

Neujahr im Frühling

Lieber Thomas,

heute schreibe ich dir aus Teheran.
Wir besuchen die persischen Verwandten
meines Vaters. Es ist sehr schön hier
und schon viel wärmer als in Deutschland.
Ich lerne jeden Tag
neue persische Wörter dazu.
Vor ein paar Tagen haben wir
ein großes Fest gefeiert: Noruz.
Das ist das persische Neujahrsfest.
Hier fängt das neue Jahr
im Frühling am 21. März an!
Ich finde das schön,
weil man dann auch an der Natur merkt,
dass alles wieder grün wird und wächst.
Zu Noruz gibt es im Iran schöne Bräuche.
Ich schicke dir ein Foto mit,
damit du dir besser vorstellen kannst,
wie das hier so ist.
Bei diesem Fest ist die ganze Familie zusammen.
Jeder besucht jeden,
und überall bekommt man Tee,
Süßigkeiten und frisches Obst.
Wir singen, tanzen und spielen zusammen.
Und am Abend gibt es das Noruz-Essen:
leckeren Kräuter-Reis mit Fisch.

Auf dem Bild siehst du mich ganz rechts.
Wir sitzen alle um einen
schön gedeckten Tisch.
Darauf stehen sieben Dinge,
die mit „S" beginnen.
Mit diesen Gaben wünscht man sich,
dass alle gesund bleiben.

Wenn du willst, können wir
nächstes Jahr in Deutschland
zusammen Noruz feiern!

Bis bald,
deine Nadia

Die sieben Dinge,
die mit „S" beginnen

Sib: Apfel
Sir: Knoblauch
Somagh:
(gesprochen Sumach)
ein säuerliches Gewürz
Sendsched:
getrocknete Lotuswurzeln
Serkeh: Essig
Samanou:
Süßigkeit aus
gekeimtem Weizen
Sabzi:
Kräuter wie Schnittlauch
oder Kresse.
Wenn man in die Kräuter
kleine Bändchen knüpft,
darf man sich
etwas wünschen.
Nach 13 Tagen
im Haus werden
die Kräuter in einen Bach
oder Fluss geworfen.
Alle Krankheiten
und aller Streit
sollen mit dem Sabzi
wegschwimmen.

Annalill am 1. April

Morgens steht Annalill auf,
kämmt sich die Zähne,
bügelt ihre Haare und
duscht sich mit dem Telefon.

Dann guckt sie im Kühlschrank,
wie das Wetter ist.
„Heiß, aber kalt", sagt Annalill,
schlüpft in die Badehose und
schnallt ihre Schlittschuhe an.

Zum Frühstück streicht sie Zahnpasta
aufs Brötchen und trinkt die Milchstraße leer.
Dann gießt sie das Radio,
räumt das Licht auf
und bläst die Wasserhähne aus.

Und dann? Dann setzt sich Annalill
aufs Klavier und fährt in die Schule.
Dort zeigt sie dem Lehrer und
den Schülern ein Spiel. Das heißt:
„Annalill am 1. April".

Elisabeth Mayenberger

April, April

April, April, April,
der weiß nicht, was er will.
Mal Regen und mal Sonnenschein,
dann schneit es wieder zwischendrein.
April, April, April,
der weiß nicht, was er will.

Mama und Minni gehen einkaufen.
Minni bekommt Gummistiefel
und einen Regenmantel.
Mama sagt: „Damit wirst du
nicht nass, wenn es regnet."
Aber es regnet nicht.

Zu Hause zieht Minni die Gummistiefel
und den Regenmantel an.
Dann stellt sie sich unter die Dusche.

Margret Rettich

Peter malt den Wind

Der kleine Peter will den Wind malen.
Die Mutter lacht: O Peter,
den Wind kann man doch nicht sehen!
Aber Peter ist schlau.
Er malt einen Drachen hoch in der Luft.
Er malt ein Segelboot.

Er malt einen Mann,
der seinem Hut nachrennt.
Er malt eine Frau
mit einem umgedrehten Regenschirm.

O weh, und dort liegt ein Baum
auf der Straße.
Und die Wolken da oben,
wie sind sie dunkel und dick!

Peter ist fertig mit seinem Bild.
Mutti schau!
Fein Peter, das ganze Bild
ist voll Wind.

Werner Halle

Windkraft

Windkraft gibt es überall.
Man muss sie nicht kaufen,
man muss sie nur nutzen.
Mit Windkraft kann man sogar Strom erzeugen.

Muttertag

„Jolli, trägst du bitte die leeren Flaschen in den Keller“,
bittet die Mutter.
Jolli hat keine Zeit zum Flaschentragen,
er lernt ein Gedicht zum Muttertag.

„Bina, räum endlich dein Zimmer auf“,
sagt die Mutter.
Bina mag jetzt nicht aufräumen,
sie malt ein Bild für den Muttertag.

Die Mutter muss alleine den Mülleimer ausleeren,
das vergessene Mehl vom Supermarkt holen,
die Briefe zum Postkasten bringen.
Keins der Kinder hilft ihr beim Tischdecken,
Abspülen, Blumengießen,
Schuheputzen, Garagefegen.

Tagelang geht das so.
Nur weil am Sonntag Muttertag ist.

nach Katrin Arnold

Meine liebe Mutter du

Meine liebe Mutter du,
ich will dir Blumen schenken.
Was ich dir sagen will dazu,
das kannst du dir schon denken:

Ich wünsch dir Glück und Fröhlichkeit,
die Sonne soll dir lachen!
So gut ich kann und allezeit
will ich dir Freude machen.

Denn Muttertage, das ist wahr,
die sind an allen Tagen.
Ich hab dich lieb das ganze Jahr!
Das wollte ich dir sagen.

Ursula Wölfel

Es ist Post im Briefkasten

An... wichmaenner@abc.de

An... wagner@abc.de

Nachricht von Carina - Nachricht (Rich Text)

An...: wichmaenner@abc.de
Cc...:
Betreff: Nachricht von Carina

Hallo!
Darf ich morgen nochmal bei der Oma schlafen?
Ich hab das Gehen mit dem Gips ein bisschen mit der Oma geübt.
Diesen Brief schreibe ich euch im Nachthemd.
Geht es euch gut?
Haben meine Schwestern wieder gestritten?
Bitte antwortet mir auf meine E-Mail.

Ich schreibe euch noch ein Gedicht:
Lebet glücklich, lebet froh,
wie der Spatz im Haferstroh.

Alles Liebe von Carina und Oma

AW: Nachricht von Carina - Nachricht (Rich Text)

An...: wagner@abc.de
Cc...:
Betreff: AW: Nachricht von Carina

Lieber Schnuffel,
wenn du möchtest, kannst du noch einmal bei Oma schlafen, obwohl ich dich schon jetzt vermisse. (Es ist so ruhig im Haus.)
Jana war heute auf der Geburtstagsfeier von Nadja, Julia war bei Alexandra.
Thomas und Patrick wollten dich besuchen.

Liebe Grüße, auch an Oma

Mama

AW AW: Nachricht von Carina - Nachricht (Rich Text)

An...: wichmaenner@abc.de
Cc...:
Betreff: AW AW: Nachricht von Carina

Liebe Mama,
ich vermisse dich auch.
Gib meinem Papa noch ein Bussi.

Carina

AW AW: Nachricht von Carina - Nachricht (Rich Text)

An: wagner@abc.de

Betreff: AW AW: Nachricht von Carina

Mausezahn,
schlaf gut und erzähle, wenn's geht,
der Oma nur 5- bis 10-mal,
dass der Gips zu locker ist...

Papa

AW AW: Nachricht von Carina - Nachricht (Rich Text)

An: wichmaenner@abc.de

Betreff: AW AW: Nachricht von Carina

Liebe Mama, lieber Papa,
ich hoffe auch, dass ihr gut schlaft und einen schönen Traum bekommt.
Ich habe noch nie zur Oma gesagt, mein Gips ist zu locker.

Ich lese Oma noch ein Buch vor. Es heißt "Der Wackelzahn muss weg!".
Wenn ihr wollt, lese ich euch auch mal eine Geschichte vor.

Von Carina

AW AW: Nachricht von Carina - Nachricht (Rich Text)

An: wagner@abc.de

Betreff: AW AW: Nachricht von Carina

Lieber Schnuffel,
"Der Wackelzahn muss weg" ist eine nette Geschichte. Davon hat der Zahnarzt doch auch gesprochen. Das ist eine gute Idee, wenn du Papa, deinen Schwestern und mir auch mal etwas vorliest.
Aber wie wäre es, wenn du selber eine Geschichte schreibst?

- Carina und der Sprung von der Leiter
- Warum ich von der Leiter springen musste
- Carina und der lockere Gips
- Was ich alles machen werde, wenn der Gips weg ist ...

Gute Nacht, Bussi, Mama

Meine Geschwister und ich

Das bin ich!
Ich heiße Andi.

Ich bin fünf
und habe sechs ältere Geschwister.
Manchmal geben sie etwas an.
Aber sonst sind sie nett.

Wir haben einen ausklappbaren Tisch,
an dem wir alle Platz haben.
Wenn mittags zufällig Freunde da sind,
stellt meine Mutter einfach noch Teller dazu
und wir rutschen zusammen.
Meine Freunde essen gerne bei uns,
weil es immer lustig ist.

Manchmal schleiche ich mich morgens
zu meiner großen Schwester Silvia ins Bett.
Sie ist nämlich besonders nett.
Wir kuscheln uns dann aneinander
und schlafen noch ein bisschen,
während mein Bruder Kurt im unteren Bett liest.
Und Kurt liest fast immer –
er ist eine richtige Leseratte.

Der Nachmittag ist für mich langweilig.
Meine Geschwister machen Hausaufgaben.
Wer zuerst fertig ist,
spielt mit mir.
Aber laut sein dürfen wir erst,
wenn keiner mehr arbeitet.

Wer zu uns kommt,
muss vor der Haustür die Schuhe ausziehen.

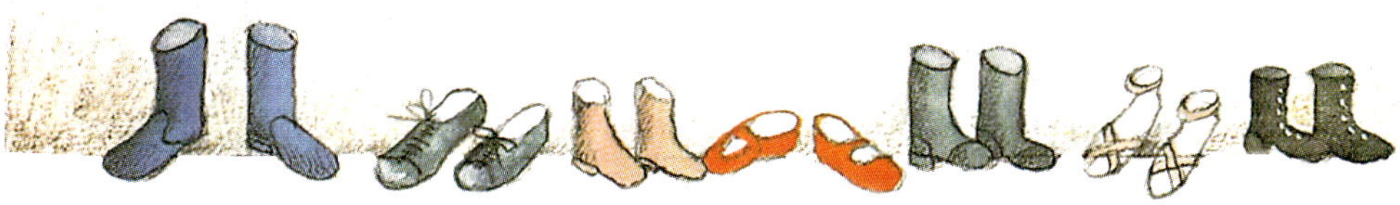

Immer schwindelfrei

Jutta Voitl ist Schornsteinfeger-Meisterin.

Wo immer sie auftaucht,
schauen ihr Kinder bei ihrer Arbeit zu.
Auch Erwachsene freuen sich,
wenn sie ihr begegnen.
Kaminkehrer sollen Glück bringen, denken sie.

Juttas Vater ist Schornsteinfeger-Meister.
Schon als Kind begleitete Jutta ihn
bei seiner Kehrarbeit.

In jedem Haushalt müssen einmal im Jahr
die Öfen und die Kamine gereinigt
und überprüft werden,
zum Schutz vor Bränden.

Mit dem Leinebesen putzt
ein Schornsteinfeger den Kamin von oben.
Eine schwere Eisenkugel zieht den Besen
nach unten.

Mit Rohrhexe und Stoßbesen
wird der Ruß von unten aus abgekratzt.

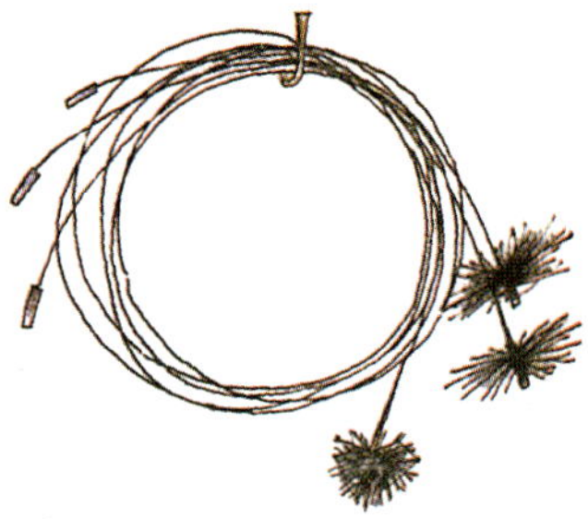

Mit empfindlichen Geräten muss ein Kaminkehrer
auch messen, ob der Ofen richtig brennt.
Beim Verbrennen darf kein schädlicher
oder giftiger Rauch entstehen.

Jutta wollte unbedingt auch diesen Beruf lernen.
Und sie hat es geschafft.
Nur wenige Frauen arbeiten bis jetzt in diesem Beruf.

Zur Berufskleidung einer Schornsteinfeger-Meisterin
gehört auch der Zylinder.
Nur wer Meister ist, darf ihn tragen.
Gesellen tragen ein Käppi.

Juttas Vater erzählte ihr:
Früher steckten die Kaminkehrer unter den Zylinder
Geschenke, die sie für ihre Arbeit erhielten;
manchmal auch Eier oder andere Nahrungsmittel.

Gespenster müssen spuken

Das ist die alte Ruine der Burg Gruselfels.
Hier wohnen die Gespenster.

Amanda ist das kleinste Gespenst.
Sie ist gerade erst hundert Jahre alt.

„Amanda!“, ruft der Große Muffkopf.
„Du musst endlich Spuken lernen!“

„Kann ich schon!“, ruft Amanda.
Sie streckt die Zunge raus und schielt.

„Papperlapapp!“, brüllt der Große Muffkopf.
„Das ist nicht gruselig genug.“

„Den Menschen müssen die Haare zu Berge stehen.“

„Blass sollen sie werden wie kalte Pellkartoffeln!“

„Und vor Furcht umfallen!“, ruft der Große Muffkopf.

„Erst dann bist du ein grässliches Schreckgespenst“, sagt der Große Muffkopf.

„Kann man auch ein Spaßgespenst werden?“, fragt Amanda.

Der Große Muffkopf rauft sich verzweifelt die Spinnenhaare.
„Gespenster sollen Menschen erschrecken!
Hast du nicht zugehört?
Wo hattest du nur deinen Kopf?“

Katharina Kühl

ANNA versteckt sich

ANNA hat sich heute Nacht
ein Versteckspiel ausgedacht.
Das wird lustig, denkt sie, denn
hinter einem Zaun aus N
kann ich gut verschwinden,
keiner wird mich finden.

Doch sie hat sich kaum versteckt,
da hat Karl sie schon entdeckt,
weil man ihre beiden A
durch den N-Zaun deutlich sah.

Hans Georg Lenzen

Das Gedicht geht

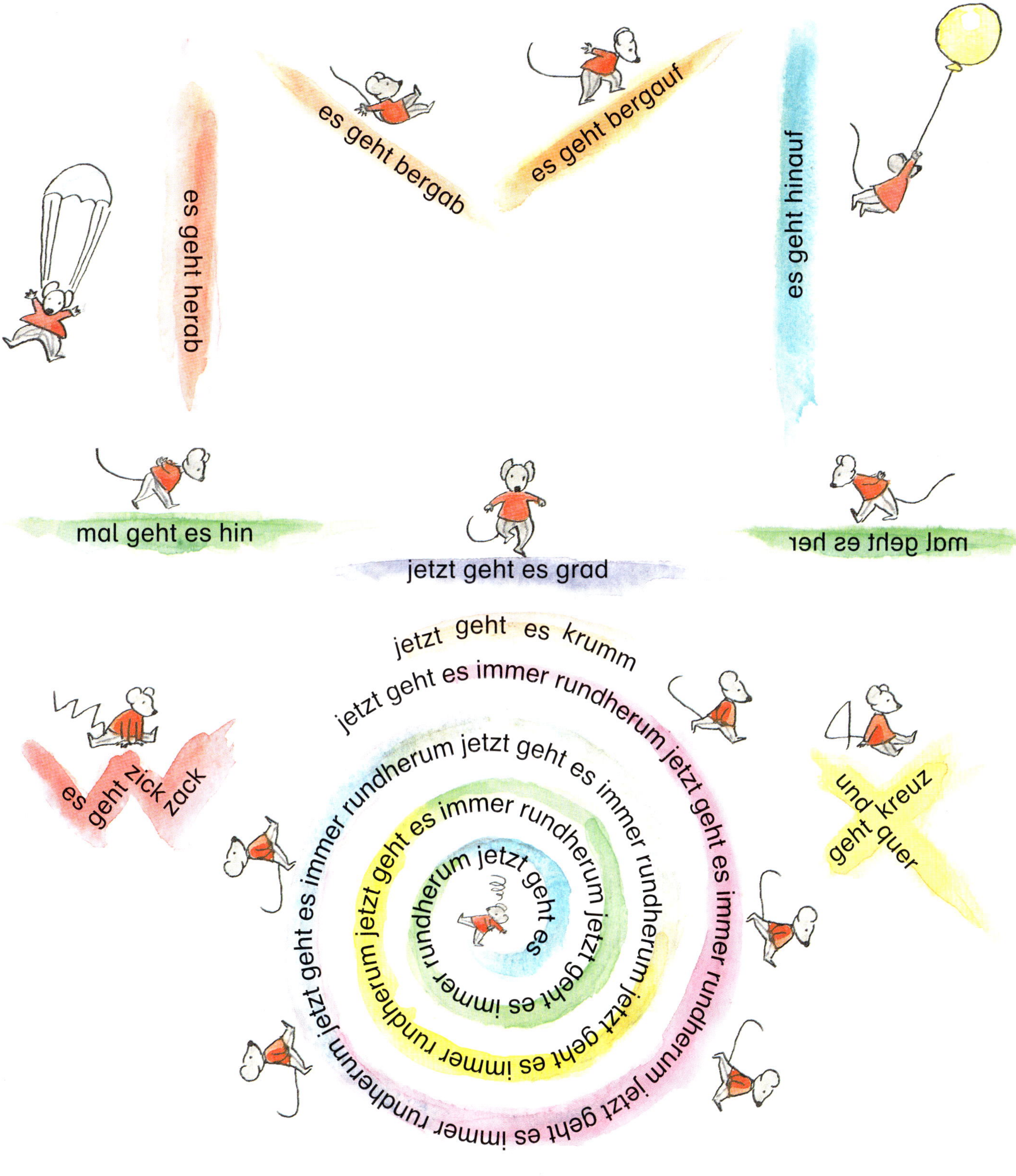

es geht herab
es geht bergab
es geht bergauf
es geht hinauf

mal geht es hin
jetzt geht es grad
mal geht es her

jetzt geht es krumm
jetzt geht es immer rundherum jetzt geht es immer rundherum jetzt geht es immer rundherum jetzt geht es immer rundherum jetzt geht es immer rundherum jetzt geht es immer rundherum jetzt geht es immer rundherum jetzt geht es immer rundherum jetzt geht es immer rundherum jetzt geht es

es geht zick zack
und geht kreuz und quer

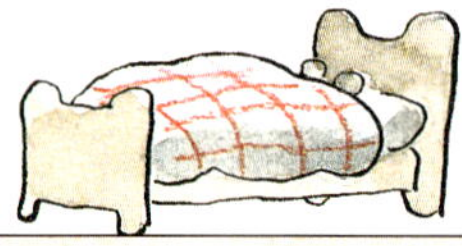

Warum muss man schlafen?

Kuschelst du dich gern in dein Bett?
Am Abend und manchmal auch am Tag?

Nicht alle Kinder gehen gern ins Bett.
Niemand kann ohne Schlaf leben.
Im Schlaf entspannen sich alle Menschen.

Wie viel Schlaf ein Mensch braucht, ist verschieden:
Ein Säugling schläft zwischen 18 und 20 Stunden.
Schulkinder brauchen ungefähr 10 bis 11 Stunden Schlaf,
während Erwachsene mit etwa 6 bis 8 Stunden auskommen.

Verschiedene Getränke erschweren oder
verhindern das Einschlafen.
Hierzu gehören besonders Cola und Kaffee.
Man spürt die natürliche Müdigkeit nicht mehr so deutlich.
Der Körper erholt sich zu wenig.
Das ist auf die Dauer schädlich.

Kaum zu glauben

Den Weltrekord im Wachbleiben
konnte ein Polizist aus Sri Lanka für sich verbuchen.
14 Tage und 17 Stunden hielt er vor Zeugen aus,
ohne einzuschlafen und ohne dass ihm ein einziges Mal
auch nur ein Auge zugefallen wäre.

Buch der Rekorde

Schlafenszeit

Noch fünf Minuten, bitte, nur fünf!
Bitte, fünf Minuten nur –
bis ich fertig bin mit dem schönen Schloss,
das ich baue mitten im Flur!
Bis ich fertig bin mit der schönen Geschichte
im Buch – ich bin doch erst da!
Bis ich fertig bin mit der Perlenkette –
sie ist ja schon fertig, beinah!
Bis wir mit dem angefangenen Spiel
auch wirklich zu Ende sind;
ich muss es wissen, wer dieses Mal
verlieren wird und wer gewinnt.
Noch fünf Minuten, bitte, nur fünf!
Nun gut, dann wenigstens vier!
Nur drei! Nur zwei . . . aber eine musst
zum Spielen noch lassen du mir!

Eleanor Farjeon

Sag's, tu's – aber freundlich

Aliki Brandenberg

Lieber Thomas!
Ich bin erkältet und ganz feucht bis innen und böse auf dich. Du weißt schon, warum! Was würdest du sagen, wenn man dich die ganze Nacht im Regen draußen ließe? Na danke! Wenn das noch einmal passiert, dann laufe ich auf und davon. Das kannst du mir glauben!

Dein Teddy

Aliki Brandenberg

Bissige Wörter

Ich habe dir wehgetan
– mit einem bissigen Wort.
Nun nagt es an dir.
Es nagt auch an mir . . .

Du hast dich gleich gewehrt
– mit einem bissigen Wort.
Nun nagt es an mir.
Es nagt auch an dir . . .

Du bist bös auf mich.
Ich bin bös auf dich.

Dabei fällt mir das eigentlich
furchtbar schwer.
Denn:
Ich mag dich so sehr.

Ernst A. Ekker

Minni stößt sich am Schrank das linke Bein.
Wütend tritt sie mit dem rechten Bein
gegen den Schrank.
Nun tun beide Beine weh.

Margret Rettich

Der Wäschedieb

Es spielen mit:
Kasper, Großmutter und Krokodil.
Das wird gebraucht:
Wäschestücke (Taschentuch, Handtücher, Socken).

Kasper und Großmutter

Kasper (kommt): Kinder, seid ihr alle da?

Kinder: Ja!

Kasper: Aber die Großmutter ist noch nicht da.
Ruft sie mal.

Kinder (rufen): Großmutter!

Großmutter: Ich komm ja schon, immer langsam!
Ich bin doch schon alt.

Kasper: Ach, Großmutter, du bist gar nicht alt.
Du kannst noch so gut kochen.

Großmutter: Ja, ja. Aber jetzt gibt's noch nichts
zu essen, Kasper!
Du musst mir erst ein wenig helfen.

Kasper: Ja, Großmutter, das mache ich gerne.
Ich lecke die Puddingschüssel aus.

Großmutter: Nein, Kasper, du musst Wäsche aufhängen.

Kasper: Kinder, jetzt muss ich Wäsche aufhängen.
Wartet solange. (Sie gehen beide fort.)

Die Wäsche wird aufgehängt

Kasper: (kommt mit einem Taschentuch, hängt es über die Spielwand, holt ein zweites, drittes und viertes Wäschestück. Er zählt sie.)

Kasper: Eins, zwei, drei, vier. Und nun müssen wir
aufpassen, bis die Wäsche trocken ist.
(Er setzt sich, fängt bald an zu gähnen.)
Ach Kinder, jetzt bin ich schon so müde!
Wollt ihr nicht ein bisschen aufpassen?

Kinder: Ja, wir passen auf!

Kasper: Gut, ich schlaf derweil.

(Er legt sich hin, kommt wieder hoch.)

Kinder, wenn's regnet, weckt ihr mich, ja?

Kinder: Ja!

Kasper (legt sich hin, kommt noch mal hoch): Und wenn ein Räuber kommt, weckt mich auch.

Kinder: Ja!

Kasper: (legt sich hin, fängt an zu schnarchen.) (Es poltert.)

Kinder (rufen): Kasper!

Kasper (kommt hoch): Regnet's schon?

Kinder: Nein, es kommt einer!

Kasper (schaut umher): Es ist keiner zu sehen. Ich schlaf jetzt.

(Er legt sich wieder hin und schnarcht.) (Es poltert.)

Kinder (rufen): Kasper!

Kasper (kommt hoch): Kommt ein Räuber?

Kinder: Ja!

Kasper (schaut sich um): Es ist niemand zu sehen. Ich schlaf jetzt.

(Er legt sich wieder hin und schnarcht.)

Der Dieb kommt!

Krokodil: (kommt herein, packt ein Wäschestück und kriecht damit fort.)

Kinder (rufen): Kasper! Kasper!

Kasper (kommt hoch): Kinder, war einer da?

Kinder: Ja! Das Krokodil! Es hat Wäsche gestohlen!

Kasper (springt auf): Wie? Was? Wäsche gestohlen? (Er zählt.)

Eins, zwei, drei. Tatsächlich!

Ein Stück fehlt. Was machen wir nun?

Erika Zimmermann

Löwenzahn und Pusteblume

Löwenzahn, so heiße ich,
komm nur her, ich beiße dich
nicht – ich beiße keinen,
will als kleine Sonne scheinen.

Pusteblume bin ich auch,
dann trägt mich des Windes Hauch
fort, dass auf den Wiesen
wieder kleine Sonnen sprießen.

Hans Baumann

Löwenzahnstängel sind rund und hohl.
Du kannst das dünne Ende des Stängels
in das dicke hineinstecken.
So kannst du eine Kette oder
eine Wasserleitung bauen.

Nina und der Sauhaufen

Die Mutter trägt frisch gewaschene
Wäsche in Ninas Zimmer.
Als sie herauskommt, hat sie
ihr Gewittergesicht aufgesetzt.
„Nina!“, ruft sie. „Räum sofort auf da drin!
So ein Sauhaufen!“

Nina geht in ihr Zimmer.
Die Puppen liegen auf dem Teppich.
Die schauen den Stofftieren zu.
Die Bausteine liegen auf dem Teppich.
Die sollen ein Turm werden.
Die Bilderbücher liegen auf dem Teppich.
Die will Nina anschauen.
Die Autos liegen auf dem Teppich.
Die parken da.
Ein blau-weißer Ringelsocken
liegt auf dem Teppich.
Der ist eine Schlange.
Papierschnipsel liegen auf dem Teppich.
Die sind das Futter für die Schlange.
„Ich seh keinen Sauhaufen!“,
ruft Nina in die Küche.

Renate Welsh

ANNE LÖST EIN PROBLEM:
WENN ICH MIT HOLGER SPIELE, IST MARKUS IMMER BELEIDIGT...
SPIEL ICH MIT MARKUS, DANN IST HOLGER SAUER!
AM BESTEN, ICH SPIEL MIT FRANCA! ERSTENS IST DANN NIEMAND SAUER...
...UND ZWEITENS HABEN IHRE ELTERN EINE ECHT ITALIENISCHE EISDIELE!!

Paul Maar

Na so was

Ich kannte eine Annett,
die sprang vom Dreimeterbrett.
Die hat sich alles getraut.
Der hat es vor gar nichts gegraut,
außer vor Pudding mit Haut.

Josef Guggenmos

Ein Hund beim Frisör

Wenn ich dreimal kräftig belle,
will ich eine Dauerwelle,
bell ich aber zweimal nur,
wünsch ich eine Föhnfrisur.
Kurzes Bellen heißt: Ich bitt
rasch um einen Kurzhaarschnitt!

Doris Rudlof-Garreis

Dunkel wars, der Mond schien helle,
als ein Wagen blitzeschnelle
langsam um die Ecke fuhr.
Drinnen saßen stehend Leute,
schweigend ins Gespräch vertieft,
als ein totgeschossner Hase
auf der Wiese Schlittschuh lief.

Mama sagt: „Ich möchte wissen,
wer die Schranktüren offen lässt,
wer das Papier neben
den Papierkorb wirft und
wer nie den Wasserhahn zudreht."

Minni denkt:
„Mama muss nicht alles wissen."

Margret Rettich

Minni möchte gern
einen Goldhamster haben.
Mama sagt: „Nein."

Nun spart Minni.
Sie will Mama einen Goldhamster
zum Geburtstag schenken.

Margret Rettich

Ich geb dir meine schönste Hand
und einen dicken Kuss dazu.
Ich mag dich wie ein Elefant
so groß und immerzu.

Michael Ende

Ein Schokokuss,
schwarz und sehr blank,
stand ganz allein
auf dem Küchenschrank.

Da setzte sich
das Kind zu ihm,
jetzt waren sie
ein schwarz-weiß Team.

Das Kind sprach:
Lieber Schokokuss,
verzeih, dass ich dich
küssen muss.

Aus einem Kuss
da wurde mehr,
das Kind lief fort,
der Schrank steht leer.

Charlotte Reinhilde Jugel

Mimi im Schloss

Mimi geht mit ihrer Freundin Lilli in das Schloss. Mimi und Lilli stehen vor dem Schloss. Mimi sagt: „Herr Ritter lassen sie mich rein mit Lilli." „Na gut Mimi , aber seid vorsichtig, dass euch der König nicht erwischt."

Jana

Mimi am Computer

Mimi bekommt von Onkel Franz einen Computer. Sie spielt damit wie verrückt. Da kommt Lilli und sagt: „Das geht zu weit!“ Schnell zieht sie den Stecker ab. Seitdem spielt Mimi nur noch mit Lilli.

Andrea

Mimi beim Baden

Mimi springt ins Wasser. Im Wasser sind Fische. Mimi will auf einem Fisch reiten. Wer will das eigentlich nicht? Mimi schwimmt weit hinaus. Plötzlich sieht sie eine Insel. Sie schwimmt zur Insel. Mimi meint, auf der Insel wohnt jemand. Sie schaut sich um und wandert auf der Insel umher. Meinst du, ob ihr jemand begegnet?

Eine Geschichte von Sandra

Mimi ist k. o.

Mimi spielt mit der Katze.
Sie erklärt ihr das Seilspringen.
Dann zeigt sie der Katze,
wie man Fußball spielt.
Als Mimi dann k. o. ist,
legt sie sich hin und
träumt von dem Käseplaneten.

Christoph

Mimi und der ängstliche Geist

Mimi geht mit Lilli ins Bett.
Um Mitternacht macht es
plötzlich „hu, hu". Mimi fragt:
„Bist du das, Lilli?"
„Nein, das bin ich nicht",
antwortet sie. Mimi geht leise
hinaus. Sie sieht ein Gespenst.
Sofort strahlt sie es mit der
Taschenlampe an.
Der Geist bekommt Angst.
Mimi packt ihn am Gewand.
Das Gespenst ist der Kasperl.

Erzählt von Georg

Lotte in New York

Lotte fährt mit ihrer Mutter nach New York.
Das ist eine große Stadt in Amerika.
Dort wohnt ihre Patentante Ella.
Lotte packt alles ein, was sie braucht:
ihr Prinzessinnenkleid, ihre Krone,
Buntstifte und natürlich Erich,
ihr Schlafschaf.
Ohne Erich kann Lotte nicht schlafen.
Ohne Erich geht Lotte nie ins Bett.
Lotte hat Erich, seit sie ein Baby ist.

Als im Flugzeug das Essen serviert wird,
fällt Lottes Mutter siedendheiß etwas ein.
„Ach du liebes bisschen, Lotte“, ruft sie,
„ich glaube, wir haben Erich vergessen!“
„Nein“, lacht Lotte, „ich vergesse doch meinen Erich nicht!“
Sie holt ihn aus ihrem Rucksack und reibt ihre Backe
an seinem weichen Fell. Erich ist so schön kuschelig
und riecht so gut – nach Erich.

Lottes Mutter sagt, Erich riecht nicht nach Erich,
sondern müffelt, und müsste mal gewaschen werden.
Aber das erlaubt Lotte nicht, denn dann röche Erich nicht mehr nach Erich,
und dann wäre er nicht mehr Erich, sondern ein ganz fremdes Schaf.

In New York pfeift man nach den Taxis. Lottes Mutter kann ziemlich
gut pfeifen. Die Taxis sind hier gelb, und das Geld ist grün.
„Schau doch mal“, sagt Lottes Mutter,
„die Wolkenkratzer sehen wirklich so aus, als würden sie an den Wolken kratzen.“

Lotte, ihre Mutter und Erich übernachten in einem Hotel.
Vor dem Hotel steht ein Mann in einer blauen Uniform.
Er heißt Paco und sagt zu Lotte: „Cool T-Shirt!"
Das ist Englisch und heißt cooles T-Shirt. Paco hat Kaugummis in der Tasche.
Lotte bekommt einen Kaugummi. Lottes Mutter findet Kaugummi blöd. Lotte nicht.

Am nächsten Morgen bringt ein Zimmermädchen das Frühstück.
Oh, das findet Lotte toll und noch toller ist es,
dass sie fernsehen darf. „Aber nur, weil wir
in Amerika sind", sagt Lottes Mutter.
„Zu Hause kommt das nicht in die Tüte.
Und jetzt ziehen wir uns an und
besuchen Tante Ella. Aber Erich bleibt hier."
„Oh", sagt Lotte, „darf ich ihn nicht mitnehmen?"
„Nein", sagt Lottes Mutter. „Nachher
verlieren wir ihn hier in der großen Stadt,
stell dir das mal vor! Dann kannst du nicht
mehr schlafen!"

Als sie abends ins Hotel kommen, will Lotte
Erich alles von New York erzählen.
Doch Erich ist weg!
Lotte und ihre Mutter suchen ihn überall:
im Bett, unterm Bett, im Schrank, im Koffer, auf dem Fernseher,
im Badezimmer, selbst im Klo. Aber Erich bleibt verschwunden.
Lotte schluchzt. Ohne Erich kann Lotte doch nicht schlafen.

Sie fragen das Zimmermädchen, ob sie vielleicht Erich gesehen hat,
als sie das Zimmer aufgeräumt hat. Lotte hat ein Bild von Erich gemalt
und zeigt es ihr. „No", sagt das Zimmermädchen, „I'm sorry."
„Was heißt das?", fragt Lotte ihre Mutter.

„Das heißt, nein, es tut mir leid“, antwortet Lottes Mutter.
Lotte fragt Paco, ob er vielleicht Erich gesehen hat.
„No, I’m sorry“, sagt Paco und gibt Lotte einen Kaugummi.
Doch der schmeckt jetzt gar nicht.

Lotte weint. Sie kann ohne Erich einfach nicht schlafen. Erich ist ganz allein in New York und kennt sich doch nicht aus in der großen Stadt.
Lottes Mutter ruft den Hotelmanager an:
„Vielleicht ist Erich zwischen die Bettlaken geschlüpft. Könnten sie nicht vielleicht die Bettlaken durchsuchen? Meine Tochter kann ohne Erich nicht schlafen, verstehen sie?“

„Madam“, sagt der Hotelmanager,
„das verstehe ich gut, aber die Bettlaken sind gar nicht mehr hier. Die sind in einer Wäscherei.“
„Könnten sie nicht in der Wäscherei anrufen?“, fragt Lottes Mutter. „Please.“
Please heißt bitte. „Hm“, sagt der Hotelmanager, und hm heißt hm.

„Habt ihr ein Schaf gesehen?“, fragt der Hotelmanager den Chef von der Wäscherei.
„Ein Schaf?“, fragt der Chef. „Hier in der Wäscherei?“
„Kein echtes“, sagt der Hotelmanager.
„Es ist ein Schafschlaf, äh ein Schlafschaf. Es heißt Erich.
Das kleine Mädchen, dem Erich gehört, kann ohne Erich nicht schlafen. Habt ihr ihn nicht gesehen?“
„No“, sagt der Chef der Wäscherei, „I’m sorry, aber ich frage noch mal.“

Alle schütteln den Kopf. Keiner hat Erich gesehen.
Plötzlich hört der Chef hinter großen Haufen Bettlaken
ein ganz leises Mäh. Er schüttelt den Kopf.
Jetzt werde ich langsam verrückt, denkt er.

Aber ist das nicht ein dünnes Schafsbein,
das da zwischen den Laken herausguckt?
Tatsächlich. Der Chef zieht Erich am Bein heraus.
„Du musst Erich sein“, sagt er.
„Mäh“, sagt Erich unglücklich, „ich will nach Hause. Zu Lotte.“

„Bringen sie Erich in das
Spring Street Hotel“,
sagt der Chef,
„und zwar sehr schnell.
Er wird dringend erwartet.“
Der Hotelmanager klopft an
Lottes Tür.
„Ja“, sagt Lottes Mutter,
„wer ist da?“
„Mäh“, sagt der Hotelmanager.
Ganz dicht kuschelt sich
Lotte an Erich.
„Wo warst du denn bloß“, flüstert sie,
„ich habe mir solche Sorgen gemacht.
Ohne dich kann ich doch nicht schlafen.“
„Ich auch nicht ohne dich“, sagt Erich leise.
„Zum Glück haben sie dich nicht gewaschen“, seufzt Lotte glücklich,
„sonst würdest du gar nicht mehr nach Erich riechen.“

Julia Kaergel/Doris Dörrie

Ausländer

Mein Papa ist Ausländer.
Und meine Mama ist Ausländerin.
Klaus und ich, wir sind auch Ausländer,
eben jetzt, obwohl wir Deutsche sind.

Denn eben jetzt sind wir in Dänemark.
Ha ha!

Daran hast du nicht gedacht, was?
Dass Deutsche auch Ausländer sind –
im Ausland.

Siv Widerberg

Gute Reise

Vögel
sollen dich begleiten
und Himmelsblau und
Menschenfreundlichkeiten

Sei vor Schlangen
auf der Hut
Schreib mir mal
und mach es gut!

Anne Steinwart

Inhaltsverzeichnis

Hinweis zum Leselehrgang:
Die rot gedruckten Texte sind zum Vorlesen oder als Differenzierungsangebot gedacht.

Mimi die Lesemaus
Neubearbeitung

Zu dem Fibelwerk gehören:

Arbeitsheft mit Druckschriftlehrgang
96 Seiten, DIN A 4, einfarbig

Schreibschriftlehrgang
40 Seiten, DIN A 4, einfarbig

Übungsheft
zum Schreibschriftlehrgang
32 Seiten, DIN A 5, einfarbig

Lernspiel-CD-ROM:
Zu Haus bei Mimi Lesemaus

Schülerlesekasten „Lesefreude“
Ausgabe M
Helvetica-Druckschrift

2. Auflage 2004 R06

Druck 11 10 09 08 07
Die letzte Zahl bezeichnet das Jahr des Drucks.
Alle Drucke dieser Auflage sind untereinander unverändert und im Unterricht nebeneinander verwendbar.

Umschlagkonzept: Mendell & Oberer, München
Umschlag: Lutz Siebert-Wendt unter Verwendung einer Illustration von Thé Tjong-Khing
Lektorat: Daniela Brunner, Ute Busche
Herstellung: Lutz Siebert-Wendt
Satz: PrePressTeam Helmut Nadler & Verena Buttler
Reproduktion: Repro Ludwig Prepress & Multimedia GmbH, Zell am See
Druck: Stürtz AG, Würzburg

Gedruckt auf chlorfrei gebleichtem Papier

ISBN 978-3-486-**80392**-1

ISBN 978-3-637-**80392**-3 (ab 1.1. 2009)